Pedro Lozano

Diario de un viaje a la costa de la mar magallánica en 1745, desde Buenos Aires hasta el Estrecho de Magallanes

Barcelona 2025
Linkgua-ediciones.com

Créditos

Título original: Diario de un viaje a la costa de la mar magallánica en 1745, desde Buenos Aires hasta el Estrecho de Magallanes.

© 2025, Red ediciones S.L.

e-mail: info@Linkgua-ediciones.com

Diseño de cubierta: Michel Mallard.

ISBN rústica: 9788499530475.
ISBN ebook: 9788499530482.
ISBN tapa dura: 9788499533841.

Cualquier forma de reproducción, distribución, comunicación pública o transformación de esta obra solo puede ser realizada con la autorización de sus titulares, salvo excepción prevista por la ley. Diríjase a CEDRO (Centro Español de Derechos Reprográficos, www.cedro.org) si necesita fotocopiar, escanear o hacer copias digitales de algún fragmento de esta obra.

Sumario

Créditos   4

Diario de un viaje a la costa de la mar magallánica en 1745,
desde Buenos Aires hasta el Estrecho de Magallanes   7

Advertencia del editor   9

Diario de un viaje a la costa de la mar magallánica, etc.   11

Diario de un viaje a la costa de la mar magallánica en 1745, desde Buenos Aires hasta el Estrecho de Magallanes

Formado sobre las observaciones de los PP. Cardiel y Quiroga

Advertencia del editor

El viaje que en 1745 emprendieron por orden de la Corte de España los padres Quiroga y Cardi el de la Compañía de Jesús, no tuvo más objeto, que señalar un punto favorable al establecimiento de una población. El que parecía más indicado era la bahía de San Julián, y fue precisamente el que se reconoció menos propio para fomentarla: tierra estéril, pobre de baza, de combustibles, y hasta de agua potable. Los mismos indios se retraían de habitarla, y sólo la visitaban para hacer sus provisiones de sal, que es lo único de que abunda.

Estos jesuitas notaron muchos errores en la descripción que hizo Anson de aquellos parajes, y negaron que desaguase en la bahía un gran río, de que hacía mención este viajero. Hasta en la latitud hallaron inexactos sus cálculos, cuya rectificación prevaleció en los nuevos derroteros.

En este viaje científico desplegó un gran valor el jesuita Cardiel, y los detalles que da el padre Lozano sobre una excursión de este animoso misionero en el interior de la bahía, forman un trozo que no es posible leer sin emoción. «Cuando iban por la campaña sin camino», dice el redactor del viaje, «marchaba el Padre en medio, y los demás extendidos en ala a lo largo; y cuando per senda de indios (que la tuvieron muchas leguas) *iba el Padre el primero*, atemperando al paso de los menos fuertes, para que no les hiciesen caminar más de lo que podían. Llevaba al pecho un crucifijo de bronce, y en la mano un báculo, grabada en él una cruz». Estos pocos renglones son dignos de figurar en las páginas del *Genio del Cristianismo* del señor de Chateaubriand.

La publicación que hacemos de este diario no es más que una reimpresión del que dio a luz el padre Charlevoix en su

Historia del Paraguay, de donde lo sacó Prevost para su voluminosa *Historia de los viajes*. El mérito de esta obra, y el deseo de completar en lo posible la serie de los trabajos emprendidos en tiempo del régimen colonial para perfeccionar la topografía del antiguo virreinato de Buenos Aires, nos ha inducido a darle un lugar en la presente colección.

Buenos Aires, 26 de Enero de 1836.
Pedro de Angelis.

Diario de un viaje a la costa de la mar magallánica, etc.

Embarcáronse por fin a 5 de Diciembre de 1745, y el lunes 6 a las diez horas de día, habiendo disparado la pieza de leva, se hicieron a la vela en nombre de Dios, con viento fresco, y salieron a ponerse en franquía en el amarradero, que dista tres leguas de Buenos Aires. De allí salieron martes, a las nueve y media de la mañana, y con distar Montevideo solas cincuenta leguas de Buenos Aires, no pudieron tomar su puerto, hasta el lunes 13, que a las once y media del día dieron fondo en medio de su ensenada. Allí, entre la gente de aquel presidio, se eligieron los veinte y cinco soldados, que se habían de embarcar, a cargo del alférez don Salvador Martín de Olmo; porque, aunque deseaba el Señor Gobernador de Buenos Aires, que fuese mayor el número de los soldados, y había otros muchos que se ofrecían voluntariamente a esta expedición, no fue posible aumentar el número, por no permitirlo el buque del navichuelo. El comandante de Montevideo, don Domingo Santos Uriarte, vizcaíno, ejecutó cuanto estuvo de su parte para el avío de la gente y de los misioneros, con la presteza posible. Con que el día 16 de Diciembre estuvo el navío ya pronto a salir; pero por calmar el nord-nord-este, y soplar el sud-este, no se pudieron hacer a la vela hasta el viernes 17 a las cuatro y media de la mañana, con nord-nord-este y norte.

La niebla densa casi no les permitía descubrir la tierra, y no se adelgazó hasta las seis y media de la tarde, pasando sin ver la isla de Flores. Domingo 19 dieron fondo a vista de la isla de Lobos, que les quedó al nor-nord-este, a tres leguas de distancia. Tiene esta isla de largo tres cuartos de legua, y corre este-sud-este, oeste-nord-este; al este-sud-este sale un arrecife con algunas piedras que conviene evitar. Este domingo, haciendo una plática el padre Matías Strobl, se dio principio por nuestros misioneros a la novena de San Francisco Javier, escogiéndole de parecer común por patrón del viaje. Asistían todos al santo sacrificio de la misa, que se decía una todos los días cuando el tiempo lo permitía, y en los días festivos dos. Se rezaba de comunidad el rosario de Nuestra Señora, y en la novena se añadió lección espiritual todos los días y pláticas, para disponer la gente a que se confesasen y comulgasen, como lo hicieron al fin de ella todos con mucha piedad. Para desterrar la costumbre de jurar, que suele reinar entre soldados y marineros, se impuso pena, a que todos se obligaron, de quien quiera que faltase, hubiese luego de besar el suelo, diciéndole los presentes: «Viva Jesús, bese el suelo». De esta manera, en devoción y conformidad cristiana, se prosiguió la navegación; y hallándose el martes 21, en 35 grados, 11 minutos de latitud austral, varió la brújula al norte 17 grados.

El domingo 26, en altura de 38 grados y 34 minutos, padecieron una turbonada de agua menuda, y el este-sud-este que soplaba, levantaba alguna marejada; y el lunes siguiente 27, en altura de 38 grados y 36 minutos, sintieron extraordinario frío. Martes 28, en 39 grados, 9 minutos de latitud, y por estima, en 323 y 57 minutos de longitud, hallaron después de medio día, 52 brazas de fondo de arena menuda y parda; vieron algunas ballenas, y a puestas de sol observaron que la brújula tenía de variación al nord-este 17 grados y 30 minutos. El miércoles, en día claro y sereno, en bonanza, experimentaron más frío del que en esta estación hace en Europa, hallándose en 40 grados, 56 minutos de latitud, y en 322 y 17 minutos de longitud. Miércoles a 5 de enero de este presente año de 1746, a las diez del día descubrieron la tierra del Cabo Blanco, al sur-sud-este, y la costa de la banda del norte, que forma una grande playa a modo de ensenada, en donde pueden dar fondo los navíos al abrigo de la tierra, que es alta y rasa, como la del Cabo de San Vicente, y tiene la punta un farillón o mogote, que se parece al casco de un navío. Hay a la punta una baja en que lava el mar. En distancia de cinco leguas de dicho Cabo Blanco le marcó el padre Quiroga al sud-este, un cuarto al sur, y observó 46 grados y 48 minutos de latitud, y por consiguiente viene a estar puntualmente dicho cabo en 47 grados; lo cual conviene notar, por no equivocarlo con otra punta que está al nord-este, y también es tierra alta, rasa, y que forma hacia el mar una barranca llena de barreras blancas. La longitud del Cabo Blanco, según la cuenta de la derrota, son 313 grados y 30 minutos. Observose en todo lo que se navegó de esta costa, que el escandal se lava, y no saca señal de fondo, si no es de mucho peso. En la punta de Cabo Blanco está asido un peñón partido; y más al sur de este peñón hay una punta de tierra baja, y luego corre la costa nord-sur del mundo, y hace una ensenada muy grande, que corre hasta la entrada del Puerto Deseado.

Jueves 6 de Enero, amanecieron al sur del Cabo Blanco, a cuatro leguas de la costa, teniendo por proa la isla grande que hay antes de entrar en el Puerto Deseado, a la cual llaman algunos *Isla de los Reyes*, y nuestros navegantes le confirmaron este nombre, por haberla descubierto este día de la Epifanía. La tierra, que está en esta ensenada, entre Cabo Blanco y Puerto Deseado, es bastantemente alta, con algunas quebradas, y en ellas matorrales de árboles pequeños, como espinos y sabinas. Entraron a dicho puerto por la banda del norte de dicha isla, acercándose a la boca del puerto, que es bien conocida, por una isleta que está fuera y blanquea como nieve. A la banda del sur, cerca de la entrada, hay un mogote alto, con una peña en lo alto, que parece tronco de árbol cortado, y hace horqueta. En los dos lados de la boca hay peñas altas cortadas, de las cuales, la que está en la parte septentrional, mirada de una legua o dos, mar adentro, parece un castillo. Esta tarde saltaron en tierra, al ponerse el sol, el padre José Cardiel y los dos pilotos, con alguna gente de la tripulación, y vieron que la marea comenzaba a subir a las siete de la tarde. En la orilla hallaron algunos lagunajos pequeños, cuya superficie estaba cuajada en sal, como lo grueso de un real de plata, y no se encontró más sal en los días siguientes.

El viernes 7, comenzó a subir la marea a las 7 y 15 minutos de la mañana. A las nueve volvió a salir a tierra el padre Cardiel con el alférez don Salvador Martínez y 16 soldados de escolta, a ver si encontraban indios tierra adentro. A la misma hora entraron en la lancha armada el capitán del navío don Joaquín de Olivares, los dos pilotos, el padre superior Matías Strobl, el padre Quiroga, el cabo de escuadra y algunos soldados, a registrar por agua el fin del puerto, y ver también si hallaban indios. Navegaron al oeste, costeando por el sur la isla de las Pingüinas, y sondando el canal hasta la isla de los Pájaros. Entraron por entre la isla y tierra firme, y registraron un caño pequeño muy abrigado que parece río. Saltaron en tierra, y subieron a lo alto de los cerros a reconocer la tierra que es toda seca y quebrada, llena de lomas y peñasquerías de piedra de cal, sin arboleda alguna; solamente hay en los valles leña para quemar de espinos, sabinas y otros arbolitos muy pequeños, y de este jaez es toda la costa o banda septentrional de este puerto. Desde la isla de los Pájaros, que hace abrigo a una ensenadilla muy segura, para invernar cualesquiera embarcaciones, pasaron a otra ensenada más al oeste, en frente de la isla de los Reyes, en la misma costa septentrional; buscaron allí agua, y solamente hallaron en un valle un pozo antiguo de agua salobre, que, según se tiene entendido, fue la única que hallaron en este puerto los holandeses. Desde aquí se volvieron al navío.

El padre Cardiel, y los que fueron por tierra, subieron a una alta sierra, en cuya cumbre encontraron un montón de piedras, que desenvueltas, hallaron huesos de hombre allí enterrados, ya casi del todo podridos, y pedazos de ollas enterradas con el cuerpo. El hombre mostraba ser de estatura ordinaria, y no tan grande, que tuviese diez u once pies de largo, como los pinta Jacobo Lemaire. Después de muy cansados de caminar, no hallaron huella o rastro de hombres, ni bosque, ni leña, sino tal cual matorral; ni agua dulce, ni tierra fructífera sino peñascos, cuestas, quebradas y despeñaderos, que les dieron copiosa materia de paciencia; y si no les hubiera deparado Dios algunos pocitos de agua en las concavidades de las penas, por haber llovido un poco el día antes, no saben como hubieran podido volver al puerto. Desde los altos no descubrieron por muchas leguas mejores calidades de terruño que las dichas. Tampoco se encontró pasto, ni cosa a propósito para habitación humana, ni aun brutos, ni aves; sino solamente rastro de uno u otro guanaco, y tal cual pájaro; y la tarde de este día pareció en la costa del sur, en frente del navío, un perro manso aullando, y haciendo extremos por venir al navío, y se discurrió sería de algún buque perdido en esta costa. Al anochecer, llegaron los de tierra al navío, y poco después los de la lancha.

El sábado 8 de Enero, salió a las nueve el padre Cardiel, con la misma comitiva, a registrar la tierra por la parte opuesta, que es la del sur de este Puerto Deseado; y casi a la propia hora, los mismos de la lancha del día antecedente, con bastimentos para cuatro días, por registrar y demarcar todo este puerto. Navegaron al oeste, hasta la punta oriental de una isla, a la cual llamaron la *Isla de Olivares* por respecto al capitán de este navío; y habiendo entrado por un caño estrecho, que divide a esa isla de la tierra firme, salieron con bastante trabajo a una ensenada pequeña que hace cerca de la punta occidental, sin poder pasar adelante este día, por haber quedado en seco la lancha, con la baja marea. Desde un peñasco, en lo más alto de la isla, descubrió el padre Quiroga que la canal de este puerto corría algunas leguas al oeste-sud-oeste. También el mismo, y los dos pilotos, marcaron la isla de los Reyes, y la isla de las Peñas, que está en la costa septentrional. En la isla de Olivares hallaron algunas liebres y avestruces, y mármoles de varios colores. La tierra es árida, y falta de agua dulce. En la punta occidental de dicha isla hay mucho marisco; y los marineros hallaron en algunas conchas tal cual perla pequeña y basta.

Domingo 9, volvió el capitán Olivares, el padre Quiroga y los demás, a registrar la costa del sur, navegando al oeste-sud-oeste, y también la del norte, para ver si podían hallar agua. Hallaron a las diez del día, en la costa del sur, un arroyuelo que baja de una fuente bastantemente caudalosa, que está en lo alto de la quebrada de un cerro, y dista cinco leguas del puerto. Es de agua dulce, pero algo pesada, como agua de pozo. Está en sitio acomodado para llegar cualquier lancha a cargar en pleamar en el mismo arroyuelo que baja de la fuente. Púsosele por nombre la *Fuente de Ramírez*, por haber saltado en tierra a reconocerla el segundo piloto, don Basilio Ramírez. La tierra es toda estéril, y llena de peñasquería, ni se hallan árboles en cuanto alcanza la vista.

Lunes 10, prosiguieron navegando por la misma canal al oeste-sud-oeste, hasta una isla toda llena de peñascos, que llamaron la *Isla de Roldán*; y puestos norte-sur con dicha isla, comenzaron a hallar poco fondo de cuatro brazas, de tres, de dos y de una, hasta que vieron tenía fin la canal en un cenagal de mucha lama. A la misma hora se volvieron al navío, a que abordaron a las cinco de la tarde; el padre

Cardiel y los de tierra caminaron bien todo el día 8, y hallaron no ser la tierra tan áspera como la otra, pero sin leña, ni pastos, ni muestras de substancia. A distancia como de dos millas dieron con un manantial de agua potable, aunque algo salobre; por donde corría, había algo de heno verde, y no lejos de allí vieron once guanacos. También recogieron a bordo del navío el perro que se vio en la playa, lleno de heridas, y los dientes gastados de comer marisco.

Lo que se puede decir de este Puerto Deseado es que, como puerto, se puede contar entre los mejores del mundo. Ojalá que correspondiera la tierra; pero es árida, y falta de todo lo necesario para población. No hay árboles que puedan servir para madera, solamente se halla en las quebradas alguna leña menuda para hornos y para guisar la comida. No es el terruño bueno para sementeras, porque además de ser todo salitroso, es casi todo peña viva; ni hay más agua dulce que las fuentes dichas. Hállase sí abundancia de barrilla, para hacer vidrio y jabón; abundancia de mármol colorado, con listas blancas, mármol negro, y alguno verde; mucha piedra de cal, y algunas peñas grandes de pedernales de escopeta, blancos y colorados, con algunos espejuelos dentro como diamantes; mucha piedra de amolar, y otra amarilla que parece vitriolo. De animales terrestres sólo vieron guanacos, liebres y zorrillos. Aves algunas, pero casi todas marítimas, como patos de varias especies, chorlitos, gaviotas, etc. Hay leones marinos en gran número en los islotes dentro del puerto, y vieron manada de ellos de más de ciento. Su figura es la misma que la de los lobos marinos, y solamente los llamaron *leones*, por ser mucho mayores que los lobos del Río de la Plata. Hay de ellos rojos, negros y blancos, y metían tanto ruido con sus bramidos, que a distancia de un cuarto de legua engañaran a cualquiera, juzgando son vacas en rodeo. Mataron muchos los marineros por su cuero, que la carne es hedionda, y casi toda grasa sin magro. El padre Cardiel tuvo la curiosidad de medir algunos, y eran los mayores como vacas de tres años; la figura es de los demás lobos marinos; cabeza y pescuezo como de terneros, alones por manos, y por pies dos como manoplas, con cinco feos dedos, los tres con uñas. Algunos extranjeros los han llamado becerros, y también leones marinos, y los pintan en sus mapas con su melena larga de león. No es así. Tienen algo de más pelo en el pescuezo que en lo restante del cuerpo, cuando aun ese del pescuezo no tiene el largo de un dedo. La cola es como de pescado; y de ella y de los alones de las manos se sirven para andar por tierra, bien que no pueden correr mucho, pero se encaran con cualquiera que les acomete, y alcanzan grandes fuerzas, y vieron tirarse unos a otros por alto, con ser del tamaño expresado. A la multitud de estos leones o lobos marinos atribuyeron la escasez de pesca en este puerto; pues aunque tendieron varias veces la red los marineros, solamente pescaron un pez gallo, y algunas anchovas y calamares.

La entrada de este Puerto Deseado es muy estrecha, y fácil de fortificar a poca costa; puédese cerrar con cadena, así en la boca como en lo restante del canal, el cual corre este-oeste hasta la punta oriental de la isla de Roldán. El mejor sitio para ancorar las naves, que hubieran de ancorar aquí, es al oeste de la isla de Pingüina, al abrigo de la isla de Olivares; y si hubiere una o dos naves, se pueden meter entre la isla de los Pájaros y la tierra firme. Aunque hay en este puerto algunas ráfagas de viento fuerte, que se cuela por medio de los cerros, no incomoda las naves, ni levanta marejada. Las mareas corren con grande ímpetu a cinco o seis millas por hora, medidas con la corredera. Observaron que en el plenilunio, la marea comienza a crecer a las siete y cuarto.

Entre creciente y menguante, parece se lleva 12 y 3 cuartos de hora. Los navíos que hubieren de entrar, pueden esperar al abrigo de la isla de los Reyes el viento favorable, y entrar cuando la marea esté sin fuerza, llevando en el tope algunos de los pilotos que avise para el gobierno del timón, que de esta suerte entró ahora con felicidad este navío de San Antonio. La isla de los Reyes, que tendrá de largo una legua, está al este-sud-este de la boca del puerto; y así ésta como todas las otras islas, escollos, etc., que hay en este puerto, anotó puntualmente el padre Quiroga en un mapa muy exacto que ha formado. La latitud del Puerto Deseado es de 47 grados y 44 minutos. Su longitud de Tenerife 313 grados y 16 minutos; 12 grados y 44 minutos al oeste de la isla de los Lobos, desde la cual llevaba el padre Quiroga, y los demás pilotos, la cuenta para su gobierno.

El martes 11 de Enero, se levaron con el nor-oeste, y salieron con el trinquete y velacho. A las doce y media del día desembocaron, y metieron a bordo la lancha; y desde aquí fueron costeando la isla de los Reyes hasta las seis de la tarde, que estuvieron este-oeste con ella, y teniendo ya el viento por el sud-este, navegaron al sur-sud-este. Miércoles y jueves siguiente, navegaron en busca del famoso puerto de San Julián, y vieron que desde los 48 grados y 48 minutos de latitud, hasta las 48 grados y 52 minutos, hace el mar una ensenada, y hay una islita pequeña con otro escollito al oeste, que dista de la tierra dos leguas y media. La costa en este paraje corre al sud-oeste, y al sud-oeste cuarta al sur. La tierra es alta, aunque en la costa del mar hace playazo. No se descubre en toda ella arboleda, ni amenidad alguna; solamente registra la vista cordilleras y cerros escampados, y todo seco e infructífero. A las siete y media de la tarde avisaron los pilotos que habían subido a registrar la costa desde la gavia mayor, que había por la proa señal de bajos, y echando al punto la sonda, se hallaron con quince brazas de fondo de cascajo; y calinando el viento, dieron fondo en veinte brazas, y pasaron la noche sobre una áncora.

Viernes 14, se levaron a las cinco de la mañana, y navegaron al sueste para salir de los bajos, y se hallaron en solas seis brazas de agua, en un placer largo que hacen los bajos hacia el nord-este; descúbrense a poco más de una milla de distancia, lejos de la tierra firme como dos leguas y media, y el placer sale como una legua; están en 48 grados y 56 minutos de latitud, y la costa corre allí al sud-oeste un cuarto al sur, y al sur-sud-oeste. A las tres de la tarde, les entró una turbonada por el sud-oeste, que hubieron de aferrar las velas, viendo a la misma hora en una nube negra una manga de agua, que se levantaba a lo alto como un cerro. Corrida la costa hasta 49 grados y 15 minutos, no pudieron dar con la entrada del puerto de San Julián, por lo cual hicieron juicio que estaría en menor altura de la que le marcan las cartas; y favorecidos del viento para navegar hacia el estrecho de Magallanes, determinaron correr lo restante de la costa y dejar para la vuelta la entrada en San Julián. La brújula varió 19 grados.

Sábado 15, corrieron al sud-oeste, con nord-este, y desde 49 grados y 18 minutos corre la costa al sud-oeste, que es limpia y seguida, y la tierra baja y rasa; y en toda la costa hace una barrera alta, que parece una muralla, sin verse en toda ella un árbol. A las tres de la tarde, tuvieron por el sud-oeste el cerro del río de Santa Cruz, que es una punta de tierra alta, toda árida, con un mogote alto a la punta. A las cinco estuvieron este-oeste, con dicho cerro, en catorce brazas de fondo de cascajo, a poco más de dos millas de la tierra. Por haber visto en algunas cartas marcada una bahía al sur del morro de Santa Inés, fueron en su demanda para dar fondo esta noche, y registrar la tierra; pero hallaron que no hay tal bahía, antes bien es toda la costa seguida, y corre al sud-oeste, y un cuarto al sur. A las nueve de la noche, el viento por el sud-oeste levantó grande marejada; corrido con la mayor y el trinquete al sud-este; poco después se quedaron con el trinquete solo, y parando el temporal, corrieron a palo seco la vuelta del nord-este, habiendo cerrado los escotillones, y asegurado con varias trincas y llaves el navío, corriendo así toda la noche que fue muy trabajosa.

Domingo 16, corrieron a palo seco hasta las dos de la tarde. En toda la noche precedente, y parte de este día, eran tan recios los golpes del mar, que entraban por una y otra banda del navío, llenándose todo de agua. Los sacos, cajas y arcas rodaban de parte a parte, y algunos caían sobre la gente, sin poder nadie sosegar ni parados ni sentados, ni aun echados. Sobre todo, les molestaba la aflicción del estómago, y congoja de corazón con tanto golpe y desasosiego; y el segundo piloto, don Basilio Ramírez, mientras atendía a la maniobra, se dio un golpe tal que le quedó el rostro muy mal herido. Nuestros jesuitas, teniendo mucho que ofrecer a Dios en estos lances, como menos acostumbrados, hallaban alivio en acordarse de los peligros y naufragios que San Pablo y San Francisco Javier, patrón del viaje, padecieron en la misma demanda de la conversión de los infieles, y con esto mismo procuraban consolar a toda la gente. Calmando el viento a las dos de la tarde, dio lugar a largar la mayor y el trinquete, y se hallaron en 50 grados, 11 minutos de latitud, y por la estima, en 311 grados y 3 minutos de longitud.

Lunes 17, con día sereno tuvieron la sierra del río de Santa Cruz al oeste, a seis leguas de distancia, y por la tarde navegaron bordeando la costa de una grande ensenada, que en forma de media luna se extiende desde el río de Santa Cruz hasta cerca de la ensenada de San Pedro; toda ella es tierra alta y árida sin árboles.

Martes 18 de Enero, acabaron de correr dicha ensenada, y a las seis de la mañana descubrieron una entrada, que creyeron fuese la boca de algún río; yendo hacia allá, advirtieron que la dicha entrada estaba llena de bajos en que reventaban las olas, y por hallarse en sólo cinco brazas de agua, dieron fondo con una ancla, y salió el primer piloto don Diego Varela en la lancha a sondar, para poder sacar el navío a franquía; y hecha seña, se levaron, siguiendo la costa en demanda del río de Gallegos que esperaban hallar más al sur. Halláronse a medio día en 51 grados y 10 minutos, y en 308 grados y 40 minutos de longitud.

Miércoles 19, se levaron a las cinco y media, y navegaron siguiendo la costa hasta un cabo de barrera alta, en cuya punta sale al mar una restinga que hace bajo, y en ésa se hallaron en 6 brazas. Un poco más al sur de dicha punta descubrieron una boca grande, y dando fondo, salió el piloto Varela a registrar si era el río de Santa Cruz, o el río de Gallegos, o algún otro puerto; que volvió al anochecer, sin haber hallado entrada por la parte en que estaban ancorados; que la entrada se descubría por la costa del sur, y era necesario montar una punta de un bajo largo, en el cual reventaba el mar. En la playa halló una ballena muerta, y vieron muchas huellas de animales, y hallaron parte del campo recién quemado, de donde concibieron esperanzas de hallar al día siguiente algún puerto y rancherías de indios.

Jueves 20, se levaron a las cinco para acercarse a la boca del río, en que dieron fondo en seis brazas de agua, a las diez y media. Salió a sondar el piloto Varela en lancha, por el medio y por la costa del sur; y volvió a las cinco de la tarde, con noticia de que no había entrada para el navío, y estaba en 52 grados y 23 minutos de latitud. La marea crece allí mucho, y habiendo dado fondo en seis brazas, como dije, se hallaron poco después en solas tres. Comenzó a crecer a las tres de la tarde. Habiendo reconocido que toda la costa, hacia el cabo de las Vírgenes, es tierra baja que corre al sur-sud-oeste; y juzgando por otra parte, que no era conforme a las reales órdenes de Su Majestad navegar aquéllas como catorce leguas que faltaban al estrecho de Magallanes; así porque los derroteros de antiguos y modernos no señalan puerto, ni río alguno en aquel espacio, como porque en la boca del Estrecho tampoco le había, sino muchos peligros, se levaron a las cinco de la tarde en demanda del río de Santa Cruz, que discurrieron estaría en menor altura de la que le ponen las cartas de marear, y esperaban hallar en él buen puerto.

Viernes 21 a medio día, se hallaron en 51 grados y 25 minutos.

Sábado 22 a las siete de la tarde, hubo turbonadas de truenos y agua, y navegaron al norte. Domingo 23 al amanecer, se hallaron en la costa que corre al sur del puerto de Santa Cruz, y a las diez y media anclaron al este de dicho puerto, a media milla de distancia, en 9 brazas de agua, en 50 grados y 20 minutos de latitud. Salió en la lancha el piloto Varela a reconocer una entrada, que reconocieron a la banda del norte, creyendo sería la boca del río de Santa Cruz; pues habiendo registrado toda la tierra que media entre la tierra rasa y el río Gallegos, no le habían hallado. Dentro de hora y media volvió al navío, por no poder romper con la corriente de la marea que bajaba. A las tres de la tarde, reconocieron que el agua había bajado seis brazas, y que estaban expuestos a quedarse en seco, por estar aún la marea en su mayor fuerza, y a su lado se iban descubriendo bancos de arena y escollos; por tanto al punto se levaron para ponerse en franquía; mas apenas habían largado el trinquete y velacho, cuando descubrieron un banco que les cerraba totalmente la salida. Dieron fondo en seis brazas, y todavía bajó algo la marea, de suerte que llegó ésta por todo a bajar seis brazas y media. A media noche quisieron salir con la marea llena, pero no pudieron, por alcanzarles la menguante antes de suspender el ancla, y ser peligrosa la salida en la oscuridad de la noche. La marea comenzó a bajar a las once y media del día.

Lunes 24, tampoco dio lugar la marea a que saliesen del peligro en que estaban, hasta las once del día, que con marea llena y viento de tierra se levaron, y poco a poco salieron a franquía en demanda del puerto de San Julián, dando repetidas gracias a Dios por haberlos librado de los bajos que hallaron en el río de Santa Cruz, saliendo con la marea por encima de los peñascos, de que por todas partes estuvieron cercados. Este río de Santa Cruz en otro tiempo fue capaz de naves gruesas, pues refiere Gonzalo Fernández de Oviedo en su *Historia de las Indias*, que ancoraron en él las naos del comendador don fray Garci Jofré de Loaysa, año de 1526. Y lo mismo contesta el cronista Antonio de Herrera en su *Historia de Indias*, década 3, libro 9, capítulo 4, quien dice, que en dicho río de Santa Cruz dio carena a su capitana. Y en la década 2, libro 9, capítulo 14, deja escrito, que Hernando de Magallanes se estuvo detenido en este río de Santa Cruz los meses de Setiembre y Octubre del año de 1520, haciendo mucha cantidad de pesquería. Y más es todavía, que casi cien años después, los hermanos Nodales, el año de 1618, en su viaje al registro del estrecho de San Vicente, o de Lemaire, estuvieron también, aunque de paso, en el mismo río o bahía, que les pareció buen puerto, como escribieron los mismos en su relación, y de ella lo refiere fray Marcos de Guadalajara en la cuarta parte de la *Historia Pontifical*, libro 14, capítulo 1. Sin embargo, el día de hoy está impedido dicho río de Santa Cruz con unos grandes bancos de arena, que se discurre amontonó en su embocadura la corriente de las mareas que es rapidísima; tanto que hace garrar las áncoras, y con la baja marea quedan descubiertos los bancos que cierran la entrada. Tiene aquí la marea algo más de seis horas de flujo, y otras tantas de reflujo, y este día 24 de Enero comenzó a bajar a las doce y media del día.

Martes 25, sopló el sud-oeste-y sur-sud-oeste muy recio, y levantó mucha marejada, como acontece siempre en estas costas. Miércoles 26, se murió un indio guaraní, que quiso acompañar en esta expedición al padre Strobl. No podían adelantar mucho el viaje, porque el viento y la mar del norte abatían mucho el navío. Este día, con ser ya por aquí el rigor del verano, hizo mucho frío, y en todos los demás experimentaron tanto como en Castilla se experimenta en el invierno. Jueves 27, se hallaron a medio día en 49 grados, 17 minutos de latitud; y por la noche el viento, oeste-sud-oeste cambió al nord-este, y causó mucha mar. Desde la altura del río de Santa Cruz es toda la tierra llana y pelada, como la pampa de Buenos Aires, sin verse en ella cerro, ni árbol alguno; y desde 49 grados y 26 minutos hacia el norte, corren algunas cordilleras y cerros altos hasta pasar Cabo Blanco, que, como ya dije, está en 47 grados. El sábado 29, se pasó todo dando bordos hacia el este y el oeste, sin poder arribar al río de San Julián por el viento contrario. Con nord-este fresco se hicieron más al norte, para hallarse en positura de poder al día siguiente reconocer dicho río. Domingo 30, tampoco se hizo cosa, y a las ocho de la noche refrescó demasiado el viento por el nord-este, levantando grande marejada, que se aumentó por instantes, rodeando por el oeste, hasta parar en un sud-oeste furioso, que los puso en gran peligro, y obligó a capear con sólo la mesana; arreadas la antena mayor y la del trinquete.

Lunes 31, corrieron con el mismo temporal que fue más terrible que todos los pasados, hasta las diez del día que calmó el viento, y a medio día se hallaron en 48 grados y 47 minutos de latitud. Por la tarde, cuando lo permitía el viento, que fue poco y vario, navegaron al oeste para tomar otra vez la costa, que el temporal les había hecho perder de vista. Por este tiempo hacían segunda novena a su patrón San Francisco Javier, y al fin de ella, y víspera y día de la Purificación, hubo muchas confesiones y comuniones.

El día 1 de Febrero, navegaron al oeste; mas la corriente del norte les hizo sotaventar muchas leguas al sur; pues, reconocida la tierra, a las 9 de la mañana se hallaron en 49 grados 5 minutos de latitud, y pasaron el día dando bordos, sin poder tomar ni aun reconocer el río de San Julián. Ancoraron a la noche a tres leguas de la costa. Miércoles 2, navegaron con viento sur a poca distancia de la costa, que desde los 48 a los 49 grados tiene algunos escollos, a las dos y tres leguas del continente, y algunos de ellos parecen islotes, sin haber en ella ensenada, en que se pueda dar fondo al abrigo de algún temporal. Jueves 3, tampoco pudieron descubrir dicho río, y a medio día se hallaron en 48 grados cabales a la vista de la costa. Lo mismo les acaeció el viernes 4; y el sábado 5, se hallaron en 48 grados, 24 minutos de latitud, a seis leguas de tierra. A las 3 de la tarde estuvieron este-oeste con los escollos que pone el padre La-Feuillée en 48 grados y 17 minutos de latitud. El escollo que sale más al mar, se parece al casco de un navío, y dista de tierra cinco leguas; en la misma latitud, a legua y media de la tierra, se ven otros cuatro o cinco escollos que salen como una restinga de piedras, y todos velan sobre el agua. Toda la costa en esta altura es tierra árida y baja; solamente se dejan ver a trechos algunos mogotes que no se levantan mucho.

Domingo 6, se hallaron demasiado apartados de la tierra en 48 grados, 34 minutos, y la costa, desde esta altura a los 49 grados, 17 minutos, hace la figura de dos grandes ensenadas, y corren las puntas al sud-oeste, cuarta al sur. La tierra, que media entre las alturas dichas, es por lo general alta, aunque en algunas partes, hace playazo. Al ponerse el sol sintieron el ambiente muy cálido, cosa extraordinaria en estas costas; dieron fondo con un anclote al sud-oeste, un cuarto al sur de un cerro, el más alto de esta costa, distante seis leguas. Lunes 7, a medio día estaban en 48 grados, 48 minutos al este-nord-este del cerro más alto, que es uno de los últimos de la tierra alta. A las 6 de la tarde echaron la ancla, a dos leguas de una bahía, que desde afuera parece una corta ensenada, que está al este del cerro alto en 15 brazas, y el fondo era barro muy pegajoso y fuerte. Martes 8, a las 5 de la mañana, salió don Diego Varela en lancha a reconocer dicha bahía, creyendo hallar allí la entrada al río de San Julián; pero llegando a la boca de la bahía, comenzó a bajar la marea, con gran fuerza, y al mismo tiempo arreció demasiado el viento del oeste, por lo cual no pudieron arrimarse a tierra, y estuvo muy a punto de naufragar la lancha, en la cual entró de una vez cosa de una pipa de agua; por lo cual se volvieron al navío a las tres de la tarde. A la boca o entrada de esta bahía, por la batida del norte, hallaron catorce brazas de fondo, barro algo negro y bueno para anclar; y en la banda del sur, a la entrada hay cinco, seis y siete brazas de la propia calidad en el fondo. Toda la entrada es limpia; solamente en la punta del sur hay dos farellones, que velan en marea mediada; en pleamar parece que te cubren, y en bajamar queda esta punta un placer.

Miércoles 9, día de la Purificación de Nuestra Señora, cuyo patrocinio imploraban, quiso la Madre de piedad, que, calmado el oeste fuerte a las 9 de la mañana, poco después con un norte lento entrasen en la primera ensenada de la bahía, que conocieron luego ser la de San Julián; y favorecidos del viento, entraron hasta una legua dentro. A las dos de la tarde, tomando mucha fuerza la corriente de la marea, que bajaba, los precisó a dar fondo con un anclote. En el ínterin que cesaba el flujo de la marea, saltaron en tierra algunos; y habiendo observado don Diego Varela y el padre Joseph de Quiroga las vueltas y bajas que hacía el río, se volvieron a bordo a las 4 de la tarde. En tierra hallaron algunos matorrales quemados poco antes. A las 6 de la tarde entraron más adentro, hasta poner el navío defendido de todos vientos, y le amarraron con dos anclas. Habiendo dado fondo en marea alta en nueve brazas, luego se quedaron en solas tres brazas, aunque el fondo es bueno de barro blanco.

Jueves 10, salió el padre Matías Strobl y el alférez don Salvador Martínez, con algunos soldados, a ver si hallaban indios en tierra; y los padres Cardiel y Quiroga, y el piloto mayor Varela salieron en la lancha prevenidos de víveres a sondar la bahía hasta el río de la Campana, que ponen algunos mapas, o si entraba otro río, con ánimo de no desistir de la empresa hasta averiguarlo todo. Hallaron que los navíos pueden entrar hasta legua y media de la primera boca; que el mayor fondo se halla en pasando una isleta baja, que en pleamar le falta poco para cubrirse, y hay en ella algunos patos e innumerables gaviotas. Todo lo demás, que está de la banda del sur y del oeste, en marea llena, parece un golfo todo lleno de agua; pero en bajamar queda todo en seco; y así, habiendo navegado cosa de tres leguas hasta medio día, y bajando a este tiempo la marea, se quedaron en seco. Luego que subió, prosiguieron hacia unas barrancas blancas, que se veían al sud-oeste; y tres cuartos de legua antes de llegar a ellas, y al paraje donde en pleamar llegaba el agua, bajó otra vez la marea, y se quedaron en seco. Descalzáronse el piloto Varela y el padre Cardiel, y por el barro y pocitos que dejó la bajamar, llegaron a la costa. Anduvieron hacia una y otra parte, y reconocieron que allí se acababa la bahía, y allí fenecía el grande y fabuloso río de San Julián, su gran laguna y el río de la Campana, tan mentados y decantados en los mapas, especialmente de los extranjeros; quedando harto maravillados de que con tanta confianza se cuenten tales fábulas y se impriman sin temor de ser cogidos en la mentira.

Encima de aquellas barrancas o laderas halló el padre Cardiel cantidad de yeso de espejuelo, en planchas anchas a manera de talco. Volviéronse descalzos a la lancha, en que durmieron hasta las dos y media de la mañana del viernes 11. En amaneciendo fueron costeando lo restante de esta bahía; a las ocho bajó la lancha, sin poder sacarla hasta las dos y media de la tarde, que creció la marea, y rodeada toda la bahía, se volvieron al navío, y en toda ella no hallaron agua dulce, ni leña, sino tal cual matorral de sabina y espino. El padre Matías Strobl volvió diciendo, que por donde habían andado, la tierra era semejante a la del Puerto Deseado; que halló en la orilla de la bahía unos pozos con una vara de profundidad, de agua algo salobre, pero que se podía beber, hechos a mano; que se discurrió los harían los ingleses de la escuadra de Jorge Anson, el año de 1741, y que también halló, a distancia de media legua de la bahía, una laguna, cuya superficie estaba cuajada de sal. Los marineros tendieron la red, y pescaron buen número de peces grandes, de buen gusto, semejantes al bacallao, aunque algunos dijeron era pejepalo.

Sábado 12, quedándose indispuesto el padre Quiroga en el navío, salieron los dos pilotos a marcar el sitio de las salinas, y se recogieron a bordo al anochecer, quedando en tierra dos soldados, que se apartaron demasiado. Domingo 13, reconociendo en aquel puerto tan mala disposición para que se quedasen los padres Strobl y Cardiel con el alférez y los soldados, y siendo igualmente árida toda esta costa hasta ahora registrada, quiso el padre Quiroga saber el parecer de los otros dos misioneros, del capitán del navío, y del alférez que comandaba la tropa, y todos unánimes sintieron no establecer allí población, por no haber en la cercanía de la bahía agua dulce, ni tierras para labranza; lo que es más por faltar madera, y aun leña para quemar, que es la cosa más necesaria en esta tierra frigidísima; pero para mayor averiguación, se determinó que saliese el padre Matías Strobl con el alférez y ocho soldados, por un lado, llevando víveres para tres o cuatro días y anduviesen tierra adentro registrando la tierra; y asimismo el padre José Cardiel por otro lado con diez soldados. Volvieron los dos soldados que se habían quedado en tierra la noche antecedente, y dijeron haber hallado agua dulce en una laguna, distante cuatro leguas de la bahía, y guanacos y avestruces; pero que no se veían árboles en cuanto alcanzaba la vista.

Lunes 14, salieron en la forma dicha el padre Strobl por la parte oriental, y el padre Cardiel por la occidental, y caminando aquél al sur, como cosa de seis leguas, encontró una laguna que bojearía una legua, toda cuajada de sal, distante del mar tres cuartos de legua, y otro tanto del fin de la bahía. Los soldados encendieron los matorrales que hallaron, y corrió el fuego dos leguas. La tierra era la misma que en el viaje antecedente. La gente que con el padre Cardiel iban hacia el poniente, pegaron también fuego en la yerba de los campos, y subió el fuego hasta muy alto. Hizo, noche dicho padre Cardiel como seis leguas al poniente de la bahía, en donde hallaron agua dulce. Por la mañana del martes 15, después de rezar, y haberse todos encomendado a Dios, prosiguieron su viaje, y a distancia de una legua de la dormida, dieron con una casa, que por un lado tenía seis banderas de paño de varios colores, de media vara en cuadro, en unos palos altos, clavados en tierra, y por el otro lado cinco caballos muertos, embutidos de paja, con sus clines y cola, clavados cada uno sobre tres palos en altura competente. Entrando en la casa, hallaron dos ponchos tendidos, y cavando encontraron con tres difuntos, que todavía tenían carne y cabello. El uno parecía varón, y los otros mujeres; en el cabello de una de éstas había una plancha de latón de media cuarta de largo, y dos dedos de ancho, y en las orejas, zarcillos de lo mismo. En lo alto de la casa había otro poncho revuelto, y atado con una faja de lana de colores, y de ella salía un palo largo como veleta, de que pendían ocho borlas largas de lana amusca. Según estas señas, los difuntos eran de la nación Puelche. Pasaron adelante en busca de los que habían hecho aquel entierro, creyendo dar luego con ellos, y juntamente con tierra habitable; mas, aunque caminaron otras tres leguas, no hallaron rastro y se les acabó el bastimento. Quisieron los soldados cazar patos en las lagunas que se encontraban, y como era con bala, no mataban nada.

Despachó el padre Cardiel dos soldados al navío con un papel al padre superior Matías Strobl, y al capitán, dándoles relación de todo lo hallado, y pidiéndoles hasta treinta hombres con víveres y municiones para ellos, y para los que le acompañaban, que pudiesen durar hasta cuatro jornadas adelante. Este mismo día 15 salieron en la lancha el piloto don Diego Varela y el padre Quiroga a sondar el canal de la entrada, y marcar todos los bancos que hay en su boca; pero por el viento recio se vieron precisados a desembarcar en una pequeña ensenada, donde echando la red los marineros, la sacaron llena de peces grandes, todos de una especie, que parecen truchas de siete a ocho libras. Hallaron en aquella parte de la costa buena leña para quemar, y en buena proporción, para que se puedan proveer de ella los navíos que entren. A la tarde volvió el padre Matías y su comitiva, y dijeron, que en la laguna hallada, la sal tendría más de una vara de alto, blanca como la nieve, y dura como piedra; pero que no habían hallado seña alguna de que habiten indios en esta tierra.

En el miércoles 16, aunque sopló fuertemente el sud-oeste, nada incomodó al navío, por estar bien defendido, y no poder los vientos levantar marejada. Llegaron los dos soldados con la carta del padre Cardiel, a cuya súplica condescendió el padre Strobl, quien el jueves 17, al salir el sol, saltó en tierra con el alférez y los soldados, a juntarse con dicho padre Cardiel, y al mismo tiempo el padre Quiroga, el capitán de navío y el primer piloto, fueron en la lancha a sondar lo que les faltaba de la bahía, y saltando en tierra, subieron a un cerro bien alto, que está al norte de la bahía. Descubrieron hacia la parte del norte una gran laguna que se extendía tres leguas al oeste, y casi otro tanto al norte, sin comunicación alguna con el mar; pero no pudieron saber si dicha laguna era de agua dulce. El padre Matías caminó cuatro leguas con su gente, y sabiendo que se acercaba el padre Cardiel, le envió a decir que se llegase a donde su reverencia estaba. Hízolo el padre Cardiel con grande trabajo, y le dijo el padre Matías, que aquella su gente venía muy fatigada con tanta carga, y que habiendo pensado mejor en el punto, le parecía ser temeridad irse a meter entre bárbaros no conocidos y de a caballo. Diole muchas razones en contra, con su ánimo intrépido y valeroso el padre Cardiel, poniendo por delante el valor y experiencia de aquella gente, los pertrechos que tenían de fusiles, pólvora y balas, la cobardía de todo indio, cuando halla resistencia, y finalmente, la causa tan de Dios que llevaban de su parte, que era la conversión de aquellos gentiles. Respondió el padre Matías que lo encomendaría a Dios, y respondería por la mañana; en que la resolución fue se volviesen al navío. Obedeciendo pronto el padre Cardiel, aunque con el sentimiento de retirarse sin descubrir los indios que imaginaba muy cercanos, pues había ya visto un perro blanco que le ladró, y se fue retirando hasta donde creía haber de hallar los indios. La causa que tuvo entonces el padre Matías fue llevar pocos víveres prevenidos.

Sábado 19, propuso de nuevo el padre Cardiel sería bien averiguar dónde tenían su habitación los indios, y pidió al padre superior Strobl que lo consultase con el capitán del navío, con el alférez, con el sargento y con el padre Quiroga, según la instrucción que para semejantes casos le había dado el Padre Provincial. Hecha la consulta, fue ésta de parecer que volviese a correr el campo el padre Cardiel con los soldados que voluntariamente quisiesen acompañarle. A los soldados añadió el capitán del navío muchos marineros, que voluntariamente se ofrecieron, y un soldado de marina, llevando cada uno víveres para ocho días, y buena prevención de municiones.

Domingo 20, en que fue el novilunio, habiendo observado el padre Quiroga y los pilotos con particular cuidado la hora de la plena y de la bajamar, hallaron que la bajamar fue a las cinco de la mañana, y la plenamar a las 11 del día. Lo cual es muy necesario que sepan los que hubieren de entrar en este puerto, porque hay no menos que seis brazas perpendiculares de diferencia; de suerte que en pleamar puede entrar un navío de línea por los bancos, que en bajamar quedan descubiertos. Al amanecer este día, después de decir misa, saltó en tierra el padre Cardiel con la escolta de soldados y marineros, que por todos eran 34, y tomó el camino al oeste. El orden que observaban era éste. A la mañana rezaban algunas oraciones, y el acto de contrición, y una oración en que daban gracias a Dios por los beneficios comunes, y le ofrecían las obras y trabajos de aquel día, especificando la hambre, sed, cansancio, peligros, etc.; y protestando que lo hacían por su amor y por la conversión de los infieles. Después se desayunaban, y marchaban cantando la letanía de la Virgen, y después de ella rezaba el padre Cardiel el itinerario clerical. Cuando iban por campaña sin camino, iba el padre en medio, y todos extendidos en ala a la larga, para buscar mejor lagunas, leña, caza, y ver humos de indios, etc.; cuando por senda de indios (que la tuvieron por muchas leguas), iba el padre el primero, atemperado al paso de los menos fuertes, para que no les hiciesen caminar más de lo que podían; llevaba al pecho un crucifijo de bronce, y en la mano un báculo, grabada en él una cruz. A la noche rezaban el rosario, y cantaban la *Salve*; y para el rezo de mañana y tarde, y para hacer cargar las mochilas y caminar, hacía el padre señal con una campanilla que servía de tambor.

Caminaron en esta forma cuatro jornadas, de a 6 y 7 leguas cada día, casi siempre por un camino de indios, de un solo pie de ancho, que estaba lleno de estiércol de caballos y potrillos, ya antiguo, y por manantiales de agua muy buena. Al fin de las cuatro jornadas se desviaron de la senda a una cuesta alta, desde donde mirando con un anteojo de larga vista, descubrieron la tierra de la calidad que la demás. Anduvieron en estos cuatro días cosa de 25 leguas sin hallar árbol alguno, ni pasto, sino algo de heno verde en los manantiales, ni tierra de migajón para sembrar, sino toda estéril; agua sí, y en abundancia en varios manantiales, por donde iba el camino o senda de los indios; y por donde no la había, lagunas todas de agua dulce. No vieron humo alguno, ni se encontraron animales del campo, sino unos pocos guanacos que huían de media legua, y tal cual avestruz, de los que mataron uno, siendo estéril de caza toda la campaña y cuestas; ni aun pájaros se oyeron, si no es tal o cual. Hubiéronse, pues, de volver harto desconsolados. La gente se portó con mucha constancia, aunque unos a pocos días iban ya descalzos, otros con ampollas en los pies, y otros con llagas, y los más al sexto día estaban estropeados. El padre Cardiel a pocos días padeció muchos dolores en las junturas de las piernas, de manera que al quinto no podía caminar sin muletas; y no hallando otro remedio, que ponerse en ellas paños empapados en orina; con esto sólo y la providencia paternal de Dios pudo proseguir. El frío de noche les molestaba mucho; y aunque con las escasos matorrales que hallaban, tenían fuego toda la noche, como no llevaban mantas, ni con qué cubrirse, por un lado se calentaban y por otro se helaban sin poder dormir.

Con todos estos trabajos estaba tan vigoroso el ánimo del padre Cardiel, que si hubiera sido *sui juris*, se hubiera venido por tierra, descubriendo lo que hay acerca de los decantados, o encantados Césares, y de naciones dispuestas a recibir el Evangelio, para lo cual ya se le habían ofrecido algunos de su comitiva. Porque se hacía la cuenta, que con abalorios que llevaba, podría comprar caballos de los indios, y cautivarles voluntades; pero como no esperaba conseguir licencia para practicar esta especie, trató de volverse al puerto en otras cuatro jornadas. En estos ocho días, que se tardó el padre Cardiel en esta expedición, observó el padre Quiroga con un cuadrante astronómico la latitud de esta bahía de San Julián; y según estas observaciones, la primera entrada de la bahía está en 49 grados, y 12 minutos; el medio en 49 grados y 15 minutos. El martes 22, a las 4 de la mañana, se embarcaron en la lancha el padre Matías Strobl, el padre Joseph Quiroga, el piloto don Diego Varela y el alférez don Salvador Martínez Olmo, y salieron a la primera ensenada de la bahía, y saltando en tierra, caminaron hacia el norte a reconocer la laguna, que habían descubierto los días antecedentes. A los tres cuartos de legua hallaron en lo alto, entre unos cerros, otra laguna de agua dulce, que tiene de circuito una legua. Más adelante, a dos leguas de la ensenada, donde desembarcaron este día, hallaron la laguna grande; pero toda cubierta de sal; tiene tres leguas de largo, y más de una de ancho. Pasaron a la otra banda por ver si hallaban algunos árboles, y no hallaron sino matorrales, que solamente tienen leña para quemar. En esta travesía de la laguna les calentó mucho el sol, y su reflexión en la sal blanca como la nieve les ofendía la vista. Hallaron siete u ocho vicuñas, y un guanaco, y a la banda del sur de la laguna, un pozo de agua dulce. Por la banda del este de esta laguna hay una buena llanura, y luego está el mar a una legua de distancia. A las 4 de la tarde de este día estuvieron ya a bordo.

Lo que todos vinieron a concluir, reconocida esta tierra de la bahía de San Julián, y sus malas calidades, es que por allí no pueden habitar los indios por falta de leña, miel, caza, etc., sino que viven muy retirados; y discurrieron que el sendero estrecho que siguió el padre Cardiel cuatro jornadas es, o de los Araucanos de Chile, o de los Puelches y Peguenches, que vendrán tal cual vez por sal, de que carecerán en su país, a la laguna grande, o a las otras de la cercanía de la bahía; y que este año moriría allí algún principal de ellos, para cuyas exequias matarían dos de sus mujeres y sus caballos, para que les hiciesen compañía en la otra vida, según cree su ceguedad, y por el mismo motivo enterrarían con él todas sus alhajuelas. Maravillados sí quedaron, de que en tamaña distancia de Buenos Aires hubiese indios de a caballo, porque se juzga desde 150 leguas abajo, todos están de a pie, según nos dicen los indios serranos, y los derroteros de extranjeros. Según parece por sus alhajuelas de latón, etc., ellos tienen comunicación con otras naciones, que la tienen con españoles.

En fin, el lunes 28 de Febrero, se empezaron a preparar las cosas para salir de la bahía de San Julián, en donde no hallándose comodidad para hacer por lo presente algún establecimiento, hizo el padre superior Matías Strobl consulta, en que entraron el capitán del navío, el alférez, el sargento, los padres Cardiel y Quiroga, presente el escribano del navío, y todos unánimes fueron de parecer, que al presente no era conveniente se quedasen allí los padres, pues además de faltar las cosas necesarias para población, tampoco había indios, en cuya conversión se empleasen. Por tanto a las 9 de la mañana comenzaron a levarse; pero habiéndose cambiado a la misma hora el viento a sud-oeste, se quedaron en el mismo sitio. A las dos de la tarde sopló con gran fuerza el sud-oeste, y aunque en esta bahía no levanta mar, hizo tanta fuerza, que el navío garró algunas brazas, y fue necesario arrear las antenas y prevenir otra ancla. Los marineros, que habían ido hoy a tierra en la lancha, hallaron en el campo un letrero con estos caracteres: I. O. HN. WOOD. que será el nombre de algún inglés u holandés que haya estado en esta bahía.

Martes a 1 de Marzo, por tener el viento por el sud-este, no pudieron salir por la mañana, y se colocó en un alto, en frente del sitio donde estuvieron ancorados, una cruz alta de madera con esta inscripción: «Reinando Phelipe V, año de 1746». A las 4 de la tarde, soplando el oeste, se levaron y salieron de la bahía de San Julián, a las 5, y luego que estuvieron fuera, levantaron la lancha a bordo, y siguieron su derrota al nord-este. Con que por despedida será bien dar aquí más completa relación de este puerto y bahía.

De ella cuentan muchas cosas los viajeros extranjeros, y especialmente Jorge Anson, Comandante de la escuadra inglesa, que el año de 1741 entró a infestar el mar del sur, por el estrecho de Lemaire. Entre otras cosas ponen algunos de sus mapas impresos, que esta famosa bahía la forma un gran río, que nace de una gran laguna, 40 o 50 leguas tierra adentro, y que de esta laguna nace otro río, llamado *de la Campana*, que corre hasta salir al mar del sur. Por todo esto deseaba el Real Consejo de Indias que se hiciese aquí una población, y a ese fin se emprendió este viaje; pero la experiencia ha desengañado, que todo lo que decían de esos ríos los extranjeros es una mera y pura patraña, pues tal río no se halla, ni señas de haberle jamás habido; que al fin es verdadero el adagio castellano, que a luengas tierras, luengas mentiras. Todos sitúan esta bahía en 49 grados, minutos más o menos, y tienen razón; porque como ya dije, se ha visto ahora que está en 49 grados y 12 minutos su entrada, y el medio, en donde pueden surgir los navíos, en 49 grados y 15 minutos. Su longitud respectiva, contada de la isla de los Lobos, son 15 grados y 20 minutos; y la longitud universal, contada del pico Teibez de Tenerife, son 311 grados y 40 minutos. No solamente no entra en esta bahía río alguno grande que se pueda navegar muchas leguas arriba, como en sus diarios y cartas escriben sin fundamento algunos extranjeros, pero ni aun un pequeño arroyuelo pudieron hallar nuestros españoles.

La entrada de este puerto es difícil de conocer al que no lleva más señal que la altura, porque desde fuera solamente se ve la primera ensenada, casi toda llena de bajíos; pero será muy fácil de conocer dicha entrada gobernándose por las señas siguientes. Casi al oeste de la boca del puerto está un cerro muy alto, el cual yendo del nord-este se ve de muy lejos, por ser el más alto que se ve en esta costa, y de lejos parece como isla; y acercándose algo más, se ven las puntas de otros tres cerros, que también parecen islas, hasta que de más cerca se ve que son tierra firme. Pues el que fuese en demanda del puerto de San Julián desde la isla de los Reyes, se apartará de la tierra, porque es la costa peligrosa, y llena de bajos; y en llegando a los 49 grados, llevará la vista al sobredicho cerro más alto, y navegará acercándose a la tierra este-oeste con él, y entonces verá la primera ensenada, que tiene a la banda del norte unas barreras blancas; y toda tierra que está a la banda del sur hasta el río de Santa Cruz, es baja, y también parece que hace una barrera blanca, como una muralla.

La entrada del puerto es bien difícil, y no pueden entrar navíos en marea baja, pues queda solamente un canal estrecho con dos brazas y media, o tres brazas de fondo, el cual corre al sud-oeste hasta una punta, en la cual hay algunas peñas, y desde allí corre más al sur por cerca de la costa, que se deja al oeste. En pleamar pueden entrar navíos de cualquiera porte, porque, como ya se dijo, la marea sube y baja seis brazas perpendiculares, y hace muy diferente la apariencia de la entrada y del puerto, como se ve en dos planos que hizo el padre Quiroga. No obstante, siempre será necesario que el navío que no llevare piloto práctico de este puerto, dé fondo afuera, y envíe la lancha a reconocer la entrada; porque, como he dicho, es difícil, y siempre será bueno entrar cuando la marea vaya perdiendo la fuerza, para poder ancorar en bastante fondo, antes que baje la marea. Los navíos grandes pueden entrar hasta ponerse detrás de las islas, en donde en bajamar se hallan 13 y 14 brazas. El fondo es bueno, de barro negro, mezclado con arenilla muy fina. Los vientos aquí, aunque soplan con fuerza, no levantan marejada, por estar todo el puerto cubierto con la tierra. Hay dentro dos islas, que velan en pleamar, y en ellas muchas gaviotas. A media marea se van descubriendo otros islotes; y finalmente en bajamar se queda en seco, por la parte del sur, un recinto que en pleamar parecía una gran bahía.

Este puerto por el estío no tiene aguada para los navíos; pues algunas lagunas manantiales, que se hallan al oeste del puerto, distan tres o cuatro leguas, y otra laguna más próxima, que está al nor-oeste de la entrada, dista una legua del mar, y es bien difícil de hallar entre dos cerros cerca de lo alto. En tiempo de invierno es factible que bajen algunos arroyos del agua que destilarán las nieves. Toda la tierra es salitrosa y estéril, solamente se hallan algunos matorrales al oeste de la entrada, que pueden servir para leña para los navíos; no hay pasto para los ganados, si no es tierra adentro, que se halla algún poco en las cañadas, donde hay manantiales, ni se halla un solo árbol que pueda servir para madera.

Puédese fácilmente fortificar el puerto, construyendo una batería en la punta de piedras, que está al sud-oeste de la primera entrada en la costa del norte, porque aquí se estrecha la entrada, y pasa el canal a tiro de fusil de dicha punta; ni podrán los navíos batir la fortaleza construida en este sitio, porque en bajando la marea, se quedarían encallados, pues toda la ensenada, fuera de la punta, se queda en bajamar con poca agua, y aun en el canal estrecho apenas llega a tres brazas. Piedra no falta, y casi toda parece ser de ostrones convertidos en piedra, de la cual se puede hacer buena cal. También al sur del puerto se halla en los cerros espejuelos para hacer yeso. Hay en este puerto abundancia de pescado, semejante al bacallao; hay aves marítimas, como gaviotas, pájaro-niño, patos, etc., y en tierra se hallan avestruces, guanacos, vicuñas, quirquinchos y zorrillas. El temple es seco, y en invierno no hace mucho frío. Hay cuatro o cinco lagunas de sal; pero la más cercana dista de la mar casi una legua. Al cabo pues de 21 días de diligencias, para averiguar todo lo dicho, salieron nuestros navegantes de esta bahía de San Julián a 1 de Marzo viniendo en demanda del río de los Camarones, siempre cerca de la costa.

Vinieron sin ver cosa especial, hasta que el jueves 10 de Marzo se les levantó mucho mar en la altura de una ensenada, que hay al sur del cabo de las Matas, en 45 grados de latitud. En frente de dicho cabo hay dos islas, la mayor a una legua del continente, y la menor, que es muy baja, dista de la tierra 4 leguas, y están una con otra sud-este nor-oeste. Hay otras cuatro islas; la una grande a la punta del sur, y tres pequeñas dentro de la bahía del mismo cabo, al cual no conviene el nombre de las Matas, pues la tierra es toda árida y sin tener matas algunas. Las aguas corren aquí con mucha fuerza al sur y al norte, siguiendo el orden de las mareas, y la tierra del cabo es medianamente alta, con algunos mogotes. Entre dos puntas de este cabo de Matas hay una ensenada, en que entraron el viernes 11 para registrarla, dando fondo en medio de ella en 30 brazas arena negra, a legua y media o dos leguas de la tierra. A medio día saltaron en tierra el padre Quiroga, el piloto mayor, y el alférez don Salvador

Martín del Olmo, y reconocieron que en lo interior de esta ensenada que forman las puntas de este cabo, hay una buena bahía, con mucho fondo hasta cerca de tierra; de suerte que a tiro de fusil se hallan 7 u 8 brazas de fondo de arenilla y cascajo en marea baja. Llamáronla *Bahía de San Gregorio*, y está abrigada de todos vientos, a excepción de los nord-este y este, que aquí no suelen ser malignos.

Subieron los tres a los más altos cerros, para descubrir desde allí a la banda del norte la bahía de los Camarones; y habiéndola descubierto con una que hay en ella, registraron así mismo otra caleta a la banda del sur del cabo; y notado todo, se volvieron a la lancha, a las 6 de la tarde, bien cansados de haber andado tres leguas sin haber hallado agua, ni leña, ni otra cosa alguna que piedras, que la hacen inhabitable aun de los brutos. Sábado 12, dieron fondo al anochecer dentro de la bahía de los Camarones en 25 brazas de fondo, arena menuda, a legua y media de tierra. Es esta bahía muy grande, por lo cual en el medio es muy desabrigada; mas en la banda del sur, cerca de tierra, pueden las naves abrigarse de los vientos sud-oeste, sur, sud-este, aunque en tal caso estarán expuestas a los nortes, y nord-estes, de los cuales se pudieran defender en la banda del norte, quedando expuestas a los demás vientos. En medio de la bahía hay una isla, que tendrá una legua de largo, y en la punta de ésta hace una restinga de bajos e islotes; dista del continente casi una legua, y está toda cubierta de aves y de lobos marinos, que andan por la bahía en gran número. Pusiéronla por nombre la *Isla de San Joseph*. Observado el sol en medio de esta bahía, se halló estar en la altura de 44 grados y 32 minutos de latitud, y en 313 grados y 36 minutos de longitud.

Saltaron en tierra el domingo 13, a las 8 de la mañana, el padre Matías Strobl, el alférez don Salvador Martín del

Olmo, y seis soldados, a registrar el terreno, y ver si había indios en esta costa. Volvieron al anochecer, sin más noticia que haber hallado toda la tierra llena de peñascos y espinas, en cuatro leguas que caminaron, y de las espinas traían los soldados lastimadas las piernas, por ser muy agudas. Encontraron uno que parecía río, por cuyas orillas subieron, y a cosa de una legua ya no había más que señales de que por allí corría hasta aquella entrada del mar algún arroyo de agua en tiempo de lluvias, o al derretirse las nieves, aunque entonces estaba totalmente seco; por lo cual se reconoce ser fabuloso el río que en esta bahía pintan algunos en sus cartas, ni se halla agua dulce, ni leña, ni árbol alguno. No hallaron rastro alguno de indios, ni es posible que habiten en esta costa, en donde todo es seco y árido, sin que se pueda hallar gota de agua. Había en la bahía muchos camarones, que no se habían hallado en otra parte, sino allí y en la bahía de San Julián.

Al anochecer, el lunes 14, salieron con nord-este de la bahía de los Camarones, en demanda del río del Sauce.

El martes 15 se pusieron nord-sur con el cabo de Santa Elena, que está a la banda del norte de la bahía de los Camarones, en 44 grados y 30 minutos de latitud; la tierra de él es por la mayor parte baja, solamente se ven algunos mogotes que sobresalen algo, y al que viniere de lejos parecerán islas.

El miércoles 16, por la noche, refrescó el viento demasiado, y causó grande marejada.

El jueves 17, a las 8 de la noche, les sobrevino de repente un huracán de viento sud-oeste muy recio, que cogiéndoles con las cuatro principales largas, los puso en manifiesto peligro de desarbolar, y más habiéndoles tomado por la lúa; pero al fin pudieron aferrar las tres, excepto la del trinquete, con la cual corrieron a popa, haciendo camino al sud-oeste.

El viernes 18, se hallaron a medio día en 42 grados y 33 minutos, hacia donde se pone comúnmente el río del Sauce; pero los vientos contrarios no les permitieron arribar a él. Y viendo que el agua escaseaba, pues no se pudo meter más por la pequeñez del navío, que el tiempo era ya de invierno por allí; que este río estaba muy cercano a Buenos Aires, y muy lejos del estrecho de Magallanes, en cuyas cercanías era el orden de poblar, que según relaciones de algunos españoles, que desde Buenos Aires han llegado a dicho río, y de los indios que pueblan sus márgenes tierra adentro, y van algunas veces hacia el mar, es de malas calidades hacia su boca, prosiguieron adelante sin entrar en él, y en 41 grados encontraron las corrientes del mar.

El sábado 26 de Marzo, a las 10 de la mañana, se reconoció estar sentido el palo mayor en la parte superior, y se le echó un refuerzo. Halláronse, al observar el sol, en 35 grados y 36 minutos; y habiéndose hallado, el lunes 23 en 35 grados y 43 minutos, los hicieron retroceder las corrientes, pues el martes 29 se hallaron en 36 grados y 23 minutos.

Jueves 31, a las 5½ de la mañana, se hallaron por fin al norte del cabo de Santa María, cuatro leguas de tierra.

Viernes 1 de Abril, estuvieron a medio día en 34 grados y 48 minutos, al este, un cuarto al nord-este del cabo de Santa María, a tres leguas de distancia. A la una y media descubrieron el Pan de Azúcar al oeste, y a las 5½ a su barlovento, una embarcación que navegaba al Río de la Plata, y su vista los obligó a preparar la artillería y las armas.

Sábado 2, a las 6 de la mañana, en frente de Maldonado, descubrieron a sotavento la embarcación del día antecedente aterrada, y se reconoció llevaba vela latina, y a medio día echaron un gallardete español en el palo mayor, para llamar la embarcación, que conocieron ser tartana. A las 2 de la tarde, teniéndola más cerca, echaron vela española, asegurándola con un tiro de cañón sin bala; por lo cual a poco rato se acercó dicha tartana, que venía a cargo de don Joseph Marín, de nación francés, quien dijo haber salido de Cádiz por Enero, con pliegos de Su Majestad para el Gobernador de Buenos Aires, y que por no traer práctico del río, seguiría la derrota de este navío, como lo ejecutó; y el lunes 4 de Abril, a las cinco de la tarde, dieron fondo a tres leguas de Buenos Aires, y a las 5½ entraron los tres jesuitas en la lancha con el capitán del navío, y el de la tartana, y a las 7½ llevaron a dar cuenta de su arribo al Gobernador de Buenos Aires, don Joseph de Andonaegui, quien cuatro meses antes los había despachado, de Orden de nuestro Rey (que Dios guarde), a esta demarcación de la costa hasta el estrecho de Magallanes.

Lo que en general se puede decir es, que dicha costa del Océano, que se extiende desde el Río de la Plata hasta la extremidad del continente de esta América meridional o austral, y se llama comúnmente Costa de los Patagones, está situada entre los 36 grados y 40 minutos, y los 52 grados y 20 minutos de latitud austral. Corre desde el Cabo de San Antonio hasta la bahía de San Jorge al sud-oeste; desde esta bahía hasta el Cabo Blanco corre nor-oeste; desde Cabo Blanco hasta la isla de los Reyes, norte-sur; y desde la isla de los Reyes hasta el río Gallegos corre al sur-sud-oeste, formando varias ensenadas; y últimamente desde aquí al Cabo de las Vírgenes corre al sud-este. Toda la costa hasta los cuarenta y tres grados, es tierra baja, y dicen que cerca de tierra se halla poco fondo. Desde los 41 grados, navegando hacia el sur, es casi toda la tierra de la costa bien alta, hasta la bahía de San Julián, y en 44, 45 y 46 grados de latitud se halla mucho fondo cerca de tierra; y así por esta altura, navegando de noche, no hay que fiarse de la sonda, pues se hallan 40 brazas a una legua de la tierra, y el mismo fondo se halla muchas leguas la mar afuera. Desde San Julián al puerto de Santa Cruz es la tierra rasa, y hace barrera alta en la orilla del mar; hállase en todo el intermedio buen fondo. De Santa Cruz al río Gallegos vuelve a ser la tierra moderadamente alta, y luego hasta el cabo de las Vírgenes es la costa baja.

En el Cabo de Matas es peligrosa la navegación de noche en la cercanía de la tierra, a causa de las islas, que salen mucho al mar, y la de más afuera es la más baja. También es poco segura la costa desde la isla de los Reyes hasta San Julián, por lo cual conviene en esta altura navegar a buena distancia de tierra.

Los vientos que corren en estos mares, en el verano y estío, son nortes, nord-oestes, oestes y sud-oestes. Los estes y sud-estes, que serían los más nocivos, no reinan en este tiempo. De los sobredichos, los sud-oestes levantan mucha mar, y son casi ciertos en las conjunciones, oposiciones y cuartos de luna. Las mareas incomodan mucho la navegación por la costa; en algunas partes sube y baja seis brazas perpendiculares, causando este flujo y reflujo mucha diversidad de corrientes, que unas veces corren a lo largo de la costa, y unas al norte y otras al sur, y tal vez encontrándose unas con otras, corren hacia el este y el sud-este.

Los puertos son muy pocos; solamente en el Puerto Deseado, en San Julián y en la bahía de San Gregorio se halla abrigo para los navíos. En el Puerto Deseado hay una fuente, de la cual en caso de necesidad pueden hacer aguada los navíos. Todo lo restante de la costa está seco y árido, que no se ve un árbol, ni hay donde se pueda hacer leña gruesa; de algunos matorrales se puede hacer algún poco en la bahía de San Julián, en donde se hallará también mucha pesca y abundancia de sal.

En tiempo de verano se siente algo de frío; pero en el invierno no puede menos de ser excesivo a causa de las muchas nieves que caen en las cordilleras. Éstas no fecundan la tierra, antes la dejan tan seca y estéril que parece incapaz de producir fruto alguno. Toda la costa parece que está desierta, ni hay indios en parte alguna cerca del mar, desde el Cabo de San Antonio al Cabo de las Vírgenes; porque siendo la tierra de la costa salitrosa e infructífera, no tienen de qué mantenerse; y si en alguna parte los hubiera, hubieran estos navegantes visto algunos fuegos, o humaderas en las partes donde surgieron y saltaron en tierra. Por tanto parece que los indios viven muy tierra adentro hacia la falda de la Cordillera de Chile.

Hanse descubierto con este viaje y registro varias falsedades que tienen los derroteros de algunos viajeros extranjeros, porque en cuanto a los ríos que ellos señalan, se ha visto ahora que son imaginarios, y que a lo más sólo debe de correr agua por ellos en tiempo de lluvias y nieves; con que queda claro, que desde el río del Sauce, que es el que otros llaman *el Desaguadero*, no hay ningún otro río hasta el estrecho de Magallanes. Los extranjeros no parece que fueron de propósito a registrar costas, como estos nuestros españoles, y así dijeron aquéllos lo que desde lejos les pareció. Pudiera ser que a los españoles se les hubiera ocultado alguno, aunque han puesto sumo cuidado, porque es cosa difícil verlo todo desde el navío, entre peñascos, quebradas y bancos; pero parece han hecho cuanta diligencia cabe, y que en los parajes donde pararon, saltaron a tierra, e hicieron registro, no hay duda que han hallado fabulosos los ríos que otros señalaban, y varias otras cosas que por sus diarios nos habían hecho creer los dichos extranjeros.

Tal parece lo que dicen, que se encontraron en las cuestas altas del Puerto Deseado sepulcros de gigantes, cuyos huesos eran de once pies de largo; porque los huesos de los cadáveres que ahora se encontraron, eran de estatura ordinaria. Añaden dichos diarios extranjeros, que en una ensenada del Puerto Deseado, que señalan en sus mapas, hay mucha pesca. Nuestros españoles se pusieron allí a pescar y no hallaron cosa alguna. Cuentan también los diarios extranjeros, que en San Julián hay mejillones, u ostiones de once palmos de diámetro; y después de registrar tanto nuestros españoles, no han hallado más que lo dicho en la descripción, puesta arriba, de la bahía de San Julián.

www.ingramcontent.com/pod-product-compliance
Lightning Source LLC
Chambersburg PA
CBHW031505040426
42444CB00007B/1217